Horst Schug
Meine verrückte Lebensgeschichte

AF198936

Meine verrückte
Lebensgeschichte

Horst Schug

Die Deutsche Nationalbibliothek verzeichnet diese Publikation im Internet unter http://dnb.d-nb.de.

© 2019 Horst Schug

Alle Fotografien stammen aus Privatbesitz
Illustration des Einbands: Eva Maria Schug

Text und Layout:
Biografiewerkstatt Otto, Mainz
www.biografiewerkstatt-otto.de

Herstellung und Verlag:
BoD – Books on Demand, Norderstedt
ISBN 978-3748194064
Preis: 9,90 €

Inhalt

Am Ende wird alles gut.
Und ist es nicht gut,
dann ist es noch nicht das Ende.

Oscar Wilde

Kindheit

In den Fünfzigerjahren des vorigen Jahrhunderts wurde ich in einem Eifeldorf geboren. Meine Eltern hatten sich gerade im Baustoffhandel selbstständig gemacht. Die Zeit war dafür sehr günstig, da nach dem Krieg viel wiederaufgebaut werden musste. Daneben arbeitete mein Vater noch woanders, um auf Nummer sicher zu gehen. Er hatte ja nun eine Familie, für die allerdings wenig Zeit blieb.

Sonntags mussten wir alle vier – ich hatte noch einen älteren Bruder – in die Kirche gehen. Da die Frühmesse um 8 Uhr meinen Eltern zu zeitig war, besuchten wir die 10-Uhr-Messe. Nach dem anschließenden kleinen Frühschoppen kam mein Vater pünktlich um 11:30 Uhr zum Mittagessen nach Hause. Zuerst wurde gebetet und im Anschluss an die Mahlzeit folgte noch ein Dankgebet. Wenn man Glück hatte, durfte man dann endlich seine Freunde treffen.

Hochzeit meiner Eltern

Meine Großeltern mütterlicherseits (ca. 1950)

Meine Familie an Weihnachten, ich rechts (1954)

Ich im Alter von zwei Jahren (links) und
mit Mutter vor dem Kölner Dom (1956)

Erste Schwimmübungen

Erster Campingversuch mit sechs Jahren (1961)

Mit 13 Jahren musste ich sogar das sonntägliche Fußballspielen aufgeben, da mein Vater meinte, einmal in der Woche sollten alle gemeinsam essen, und zwar um 11:30 Uhr. Beides war anscheinend nicht miteinander vereinbar war. Ob meine Mutter etwas dazu sagte, weiß ich nicht. Wie immer, wenn es um Entscheidungen ging, hatte mein Vater das Wort!

Er gönnte meiner Mutter jedoch alles, was in dieser Zeit möglich war. So konnte sie zum Beispiel, weil sie einen Führerschein besaß, mit ihren Freundinnen oder meinen Tanten zum Einkaufen fahren. Oder sie hatte auch ein Kaffeekränzchen ins Leben gerufen, das sich einmal im Monat traf. Mein Vater hat meiner Mutter nie etwas abgeschlagen.

Im Alter von 10 bis 14 Jahren war ich Messdiener und musste deshalb sonntagnachmittags um 15 Uhr ein weiteres Mal zur Andacht gehen.

Seitdem wir einen Fernseher besaßen, schaute mein Vater nach dem Essen immer die Sendung „Der internationale Frühschoppen" mit Werner Höfer, wobei im Zimmer absolute Ruhe zu herrschen hatte.

Viel haben wir in der Familie nicht zusammen unternommen. Ich hatte aber, soweit ich das beurteilen kann, kein Problem damit, obwohl ich gern mehr Anerkennung von den Eltern erfahren hätte. Vielleicht wäre sonst alles anders gekommen?

Meine Kindheit verlief ohne große Ereignisse, allerdings war ich wegen meiner Sehbehinderung schon mit drei Jahren durch eine Hornbrille gehandicapt, was mir bestimmt keine Pluspunkte einbrachte. Dazu kamen meine Plattfüße, die mit Einlagen korrigiert werden sollten. Als alles nichts half, bekam ich für die Nacht Gipsschalen, die jeden Abend um meine Füße und Waden gebunden wurden. Das kann schon auf mein verrücktes späteres Leben Einfluss genommen haben.

Mit sechs Jahren kam ich in die Grundschule, ich war nicht gerade eine Blüte. Aber ich habe mich, wie in meinem ganzen Leben, durchgeschlagen.

Mit zehn Jahren musste ich wegen Unterernährung zur Erholung in ein Heim auf einer Nordseeinsel, wo ich kaum Anschluss fand. Das Ergebnis nach sechs Wochen war, dass ich abgenommen hatte! Aus Heimweh. Drei Jahre später durfte ich mit der Schule ins Ferienlager, sprich Zeltlager, fahren. Jetzt hatte ich kein Heimweh mehr, denn ich fühlte mich in meiner Schulklasse wohl.

Wegen der Verlegung des Schuljahresbeginns von Ostern auf den Sommer gab es 1966/67 zwei Kurzschuljahre, aber vielleicht beeinflussten diese meine schulischen Abschlüsse auch positiv. Denn wegen der Umstellung wurden wir nicht so streng benotet.

In meiner Kindheit hatte ich nur einen einzigen Freund, der zu mir stand. Allerdings verschwand er immer sofort, wenn die anderen aus unserer Straße auftauchten. Dann gesellte er sich zu denen und ich war ganz alleine. Dieser Freund war als Säugling von seiner Mutter weggegeben worden und lebte bei einer Pflegefamilie. Ich muss sagen, ich habe immer zu ihm gehalten und auch sehr viel geweint mit ihm, besonders als er von seiner leiblichen Mutter wieder zurück in die Nähe von Köln geholt wurde.

Durch den Fußball gewann ich jedoch bald neue Freunde. Nur da war wieder meine Brille ein Hindernis. So gut ich konnte, versuchte ich jedoch mitzuspielen.

Bei den Mädchen hatte ich gar keine Chance, die nahmen mich nicht für voll, woran ich aber auch selbst schuld war, da meine Leistungen in der Schule nicht gerade das Gelbe vom Ei waren und mein unvorteilhaftes Aussehen noch hinzukam.

So verlief meine Kindheit mehr schlecht als recht. Einen Tag vor meiner Schulentlassung passierte Folgendes: Ich war mit einem Fahrer meines Vaters unterwegs und durfte den kleinen LKW steuern, obwohl ich noch keinen Führerschein hatte. Aus unerklärlichen Grün-

den kam ich von der Straße ab und schleu-
derte eine Böschung herunter, bis wir ganz
dicht neben einem WC-Häuschen mit Herz
in der Türe zum Stehen kamen. Es ist nicht
gelogen, die Türe ging auf und ein Mann kam
heraus, der sich noch die Hose hochzog. Ich
kann nur sagen: Alle hatten wir großes, großes Glück. Der LKW war nur noch Schrott
und mich erwartete ein Donnerwetter, was
auch erfolgte.

Nach der Hauptschule wussten meine
Eltern nicht so recht, was aus mir werden
sollte. Mein Vater hatte die Idee, dass ich
Koch werden solle, damit er sich endlich seinen Traum eines Gastronomiebetriebes erfüllen könnte. Als ich von dieser Berufswahl
nicht begeistert war, unterstützte mich meine
Mutter. Sie wollte mich immer beschützen,
während mein Vater nur das Beste für mich
wollte, weil er tatsächlich weit in die Zukunft
schauen konnte.

Handelsschule und Lehre

So wurde ich eben, weil man nichts mit mir anzufangen wusste, auf eine Handelsschule geschickt, die teils privat, teils staatlich war. Bis heute weiß ich nicht, wie mein Vater das hinbekam, diese Schule für mich zu finden. Dass ich mit meinem Hauptschulzeugnis auf die Handelsschule gehen konnte, gab mir jedenfalls Selbstvertrauen.

Ich erhielt eine Monatskarte für Bus und Bahn sowie die Schuladresse in die Hand gedrückt und wurde eines Morgens am Bus mit den Worten verabschiedet: „Fahr damit nach Bonn." Ich kann mich noch genau daran erinnern, dass ich in Remagen am Bahnhof stand und nicht weiterwusste. Ich sprach einen jungen Mann an und fragte ihn nach dem Weg. Er antwortete: „Dort fahr ich auch hin. Aber ich habe erst gegen 10 Uhr Schulbeginn." Ich dagegen musste bereits um 8:15 Uhr da sein. Er gab mir eine notdürftige Wegbeschreibung, zum Glück war die Schule leicht zu finden. Nach der Vorstellung und der Verteilung auf die einzelnen Klassen bekam jeder eine Liste der erforderlichen Schulbücher, die man in der Schule, aber auch im Buchhandel kaufen konnte. Da ich natürlich kein Geld dabeihatte, aber am anderen Tag die Bücher brauchte, wollte ich sie bei uns zu Hause besorgen.

Wie war ich stolz, den Scheck für das Schulgeld, das entgegen der Erwartung meines Vaters in der staatlichen Klasse der Handelsschule nicht gezahlt werden musste, wieder mit nach Hause nehmen zu können. Leider war ich damit wohl so lange beschäftigt, dass ich den Anschluss verpasste. So stand ich nach einem Jahr vor der Alternative, die Schule entweder verlassen oder die Klasse wiederholen zu müssen. Mein Vater meinte sofort: „Die Schule schafft der ja sowieso nicht." Also begann ich stattdessen im elterlichen Betrieb die Lehre als Kaufmann.

Zu der Zeit hatte mein Bruder die Lehre bereits beendet und arbeitete als Geselle in seinem Lehrbetrieb, bis mein Vater ihn auf die Meisterschule schickte, die er mit Bravour bestand. Danach arbeitete er im Betrieb der Eltern. Bald lernte er seine jetzige Frau kennen und lieben.

Arbeit im elterlichen Betrieb

Nach Abschluss meiner Lehre blieb ich im elterlichen Betrieb. Meinen PKW-Führerschein bestand ich auf Anhieb. Da ich kein Geld hatte, um mir ein Auto kaufen zu können, durfte ich den Firmenwagen benutzen. Das war aber immer ein Trauerspiel: „Kann ich heute das Auto haben?", Gegenfrage: „Wofür?" „Ich möchte da oder dorthin fahren." „Ist das nötig?" Deshalb habe ich meistens versucht, für die Firma etwas erledigen zu müssen, wenn ich den Wagen fahren wollte. Nur an den Wochenenden hatte ich weiterhin Ausrede-Probleme.

Eines Sonntags, auf der Rückfahrt von einem Kinobesuch, zerlegte ich das Auto total. Ein neues Fahrzeug musste angeschafft werden, denn unser Werkstattmeister brauchte unbedingt eins. Jetzt wurde es noch schwerer, den Wagen für meine persönlichen Fahrten zu bekommen.

Großeltern mütterlicherseits mit ihren Kindern (1970)

Als ich zur Bundeswehr einberufen wurde, trat ich auf Anraten meines Vaters den Dienst sofort an. Anfangs wurde ich samstags nach Dienstende abgeholt und sonntags zur Kaserne zurückgebracht. Die Strecke war zwar nur etwa 30 Kilometer weit, aber mit öffentlichen Verkehrsmitteln hätte das Stun-

Mein Opa und Patenonkel mit Colly Lady

den gedauert, denn die Verbindungen waren sehr schlecht. Ich hatte das Glück, dass ich nach der dreimonatigen Ausbildung in derselben Kaserne bleiben durfte, sogar in der gleichen Kompanie, nur das Zimmer änderte sich, ich zog vom zweiten in den dritten Stock. Weil ich jedoch zu weich für den Ausbilderjob war, wurde ich in die Waffenkammer strafversetzt. Bis heute kann ich keine Menschen erniedrigen.

Nach neun Monaten wurde ich – und das als Mannschaftsdienstgrad – „Heimschläfer". Schließlich gelang es meinem Vater, mich ganz vom „Bund" freizubekommen. Der Grund dafür war, dass die Sekretärin in seinem Betrieb schwanger war und die Rechnungen trotzdem geschrieben werden mussten. Nach nur zwölf Monaten Dienstzeit war ich also wieder zu Hause.

Jetzt kaufte ich mir einen alten VW, den ich allerdings kurze Zeit später ebenfalls kaputt fuhr. Erneut voll in die Scheiße getreten!

Wenigstens etwas Gutes hatte ich vom „Bund" mitnehmen wollen – aber der LKW-Führerschein war mir versagt worden. So machte ich zwei Monate später zusammen mit meinem Bruder den Führerschein Klasse II.

Das Schicksal wollte es, dass einer unserer Fahrer auf der Autobahn einen Schwächeanfall erlitt und ich zu ihm auf den Parkplatz gebracht wurde, um dessen LKW zu übernehmen. Aus dieser Tour wurden rund zwei Jahre als LKW-Fahrer bei der elterlichen Firma.

Schon nach zwei Wochen musste ich den LKW über Nacht auf einer Baustelle stehen lassen, weil gar nichts mehr ging. Das Fahrzeug lief nicht mehr. Also war ich schon wieder für nichts zu gebrauchen. Aber auf die Schnelle war kein anderer Fahrer zu finden und so musste ich weiterfahren.

Während meiner LKW-Fahrer-Zeit (1976)

Nach elf Jahren im Betrieb und hier und da einer Liebschaft mit fester oder auch nicht fester Freundin war ich mit meinem Leben, wie ich es bis dahin geführt hatte, sehr unzufrieden. Es musste sich unbedingt etwas ändern.

Ins Ausland

Sonntagmorgens ging ich öfters zum Frühschoppen. In der Gastwirtschaft saßen noch
mehr von meiner Sorte und alle hatten wir
Frust. Jeden störte etwas anderes auf seiner
Arbeit.

Einer kannte jemanden, der im Ausland bei
einer deutschen Firma beschäftigt war. Das
war es! Jeder von uns wollte sich dort bewerben. Ich hörte zunächst zu und entschloss
mich schließlich nach dem vielleicht 20. Bier
dazu, meinem Vater zu sagen, dass ich mich
beruflich verändern und bei einem Kollegen
aus unserer Branche bewerben wolle.

Da ich aber zu der Zeit mit 27 Jahren schon
ein Haus besaß, wussten mein Vater und auch
ich, dass es gar nicht so einfach sein würde,
eine Arbeit zu finden, von der ich leben und
auch meine Bankschulden tilgen könnte.

Als es so weit war, behauptete ich zwar:
„Ich fahre Richtung Frankfurt zu einer Kol-

legenfirma", fuhr aber auf direktem Wege zu einer großen Baufirma nach Wiesbaden und meldete mich bei deren Auslandsabteilung zum Vorstellungsgespräch. Ich weiß bis heute nicht, woher ich den Mut nahm. Ich wartete etwa zwei Stunden, aber keiner kam, um mich anzuhören. Nach drei Stunden erschien die Sekretärin des kaufmännischen Direktors und fragte mich nach meinen Unterlagen. Da ich nichts dabeihatte, gab ich forsch zur Antwort: „Ei, die habe ich euch doch geschickt." Frechheit siegt! So wurde ich direkt zum Direktor geführt, der sich für diesen Vorfall 100-mal entschuldigte. Ich war so nass geschwitzt, als ob ich aus dem Schwimmbad gekommen wäre. Aber nach einer halben Stunde war alles klar, ich sollte so schnell wie möglich nach Nordafrika reisen und auf einer Baustelle als Materialverwalter tätig sein. Dabei war ich noch so dumm zu antworten, ich könne nur als LKW-Fahrer oder als Hilfsarbeiter dort arbeiten. Außerdem verwies ich auf meine kaufmännische Ausbildung, aber das interessierte hier keinen. Auch nicht, dass ich der englischen Sprache nicht mächtig war.

So verabschiedete ich mich vom Direktor, erhielt von der Sekretärin noch Unterlagen zur Unterschrift mit und fuhr dann mit der Auflage, zehn Passbilder zu machen und diese ins Büro zu schicken, nach Hause.

Dort erkundigte sich mein Vater natürlich, wie es gelaufen war. Ich erzählte ihm, dass ich, wenn ich bei der Kollegenfirma anfangen würde, nie über die Runden käme. Ich war zufrieden, was mein Vater nicht wusste, und er war zufrieden, da er ja wieder einmal Recht gehabt hatte mit seiner Annahme, dass ich doch nie woanders arbeiten könnte.

Nach 14 Tagen traf das Schreiben der Baufirma mit allen Unterlagen ein und dem Auftrag, meinen Reisepass für die Beantragung des Visums ins Büro zu schicken. Da mein Vater die Post öffnete, kam, was kommen musste, und ich wurde in sein Büro gerufen: „Kannst du mir einmal sagen, wie die Baufirma auf dich kommt? Und was soll das überhaupt, wollen die dich fürs Ausland haben?" Ich beichtete ihm, dass ich einfach nach Wiesbaden gefahren war, mich frech vorgestellt hatte und direkt genommen worden war.

Nun kam noch hinzu, dass ich bei uns 1.100 DM netto verdiente und die Baufirma mir als Erstgehalt das Doppelte plus mein Nettogehalt als Überstundenpauschale plus mein Bruttogehalt als Auslandszulage zahlen wollte. Mein Vater sagte nur, dass das nicht mit rechten Dingen zugehen könne. Da es sich jedoch um eine Weltfirma handelte, wurde er stutzig.

Im Juni 1981 brachte mich mein Vater zum Flughafen Köln/Bonn. Es war das erste Mal, dass er vor meinen Augen, wegen mir oder wegen seiner Niederlage, zu weinen anfing. Ich muss sagen, dass mir das sehr wehtat, aber ich blieb hart und stieg in den Flieger. Nach dem Umstieg in Frankfurt dachte ich schon gar nicht mehr an zu Hause, sondern nur noch daran, was jetzt im Ausland auf mich zukommen würde.

Nach dreistündigem Flug landete ich und wusste zunächst gar nicht, wohin ich musste. Aber alles war jetzt auf meiner Seite: Ich wurde von einem deutschen Mitarbeiter begrüßt, der außerdem seine Frau abholte, die auf die gleiche Baustelle wie ich gebracht werden sollte. Da aber vom Flughafen aus noch 900 Kilometer zu fahren waren, übernachteten wir in einer Kaserne und brachen erst am anderen Morgen Richtung Wüstenbaustelle auf. 150 Kilometer vor unserer Ankunft füllten wir an einer der seltenen Tankstellen den Wagen auf.

Auf der Baustelle bezogen wir dann unsere Unterkunft. Ich bekam in einem Wohncontainer die linke Seite, die rechte war noch nicht belegt. Es gab bisher nicht viel Personal, alles war noch in der Einrichtungsphase. Eine Straße von etwa 280 Kilometer Länge sollte gebaut werden. Man erklärte mir, wo die Kantine war, und stellte mich meinem kaufmännischen Chef vor.

Anfahrt zur Baustelle „BGW" (Burgrain-Waddan) (1982)

Blick vom Berg am Funkmast:
Im Vordergrund das Wohncamp und
im Hintergrund die Werkstatt und die Büros (1982)

Ich sollte mich ausschlafen und am nächsten Tag nach dem Frühstück im Büro, das einen Kilometer vom Camp entfernt lag, melden. Da ich jedoch vor Aufregung nicht lange schlafen konnte, war ich schon zeitig beim Frühstück und lernte auch gleich meinen Kollegen kennen, der mich zum Büro begleitete. Dort wurde ich sehr herzlich begrüßt und nach vier Stunden kam man schließlich auch auf die Idee, mit mir über die Arbeit zu sprechen.

Was ich nie mehr in einem Betrieb machen wollte, nämlich Inventur, das sollte ich jetzt als Allererstes erledigen. Die Enttäuschung war natürlich riesengroß. Für diese Arbeit bekam ich Personal, überwiegend Pakistanis, zugewiesen. Am Ende meiner Inventur, die übrigens nur im Freien, sprich tatsächlich mitten in der Wüste, stattfand und etwa acht Tage in Anspruch nahm, musste ich eine eidesstattliche Erklärung abgeben, dass jede Menge Material aus den Containern entwendet worden war, bevor dieses überhaupt auf unserer Baustelle angekommen war. Diese Erklärung konnte ich nur unter Vorbehalt unterschreiben, da dies vor meiner Zeit auf der Baustelle geschehen war.

Nach den ersten zehn Tage begann es mir dort zu gefallen. Das erste Mal überhaupt in meinem Leben hatte ich den Eindruck, in meinem kaufmännischen Beruf tätig zu sein. Endlich hatte ich das Gefühl, dass meine Arbeit richtig war und ich auch Anerkennung bekam.

Mein Arbeitsplatz 1982-83

So vergingen zwei Monate, in denen es mir bestens ging und ich keinerlei Heimweh oder Drang verspürte, nach Hause zu reisen. Auch das Essen war sehr gut. Dennoch nahm ich in den ersten beiden Monaten schätzungsweise 10 kg ab, was mir aber nicht schadete. Fast jeden Donnerstag hatten wir etwas zu feiern, die meisten stellten ihren Alkohol, ob Bier, ob Schnaps oder Wein, selbst her und luden diejenigen, die keine Gelegenheit dazu hatten, selbstverständlich zum Trinken und Mitfeiern ein. Ich war rundherum glücklich.

Ansonsten muss man sich die Arbeit so vorstellen: Um 7 Uhr Arbeitsbeginn, von 12 bis 13 Uhr Mittagspause, anschließend Arbeit bis gegen 18 Uhr und das jeden Tag, also sieben Tage in der Woche. Öfters musste ich auch ins 900 Kilometer entfernte Hauptbüro fahren. Dann machte ich mich gegen 4 Uhr morgens auf den Weg, um gegen 10 Uhr dort zu sein.

Schließlich kam der Tag, an dem sich eine Änderung in der kaufmännischen Abteilung ergeben sollte: Der erste Kaufmann wurde ausgewechselt, was ich aber kaum mitbekam, da ich mit meiner Arbeit mehr als beschäftigt war. Der bisherige Chef hatte die Baustelle nicht im Griff gehabt. Unter seinem Nachfolger wurde es jetzt noch schöner für mich. Zuerst wurde jeder zu dem Neuen gerufen, um ein persönliches Gespräch mit ihm zu führen. Dabei stellte sich heraus, dass ich mich in Wiesbaden zu billig verkauft hatte. Das sollte sich nach drei Monaten auf der Baustelle ändern.

Aber zunächst musste ich nach Hause zurück, weil ich nur Sommerkleidung eingepackt hatte und es da, wo wir waren, im Winter sehr kalt werden sollte, wenngleich kein Schnee fiel. Also durfte ich für acht Tage in die Heimat fliegen. Alles freute sich und wunderte sich, dass ich schon wieder zu Hause war. Aber ich konnte sie beruhigen, denn ich wollte ja nur meine Winterkleidung einpacken.

Nach meiner Rückkehr wurde es langsam kalt, aber die Arbeit auf der Baustelle lief weiter und ich hatte meine Einkäufe zu machen. Alles, was lokal zu bekommen war, sollte ich im Land kaufen, da die Transportkosten sehr hoch waren. Es gab nur nicht immer das, was auf der Baustelle benötigt wurde, und so musste sehr viel improvisiert werden, was

Freizeitspaß in der Sahara

den Polieren auf der Baustelle nicht immer gefiel. Oft wurde ich zum Bauleiter gerufen und bekam meine Anschisse, die ich aber gut parieren konnte. Es war halt nicht anders möglich in dem Land.

Ich drehte – natürlich in Absprache mit meinem kaufmännischen Chef – den Spieß um und verlangte vom Bauleiter beziehungsweise von den Polieren eine Materialliste für die nächsten drei Monate. Das konnte jedoch keiner von den Schlaubergern erfüllen. Das gleiche galt für die Werkstatt für PKWs und LKWs sowie Baugeräte, bis ein erfahrener Werkstattmeister kam und die Sache in die Hand nahm. Die Zusammenarbeit mit ihm klappte wunderbar und nach einem Vierteljahr lief die Baustelle wie am Schnürchen.

Meine Liebe

So verging Monat für Monat, ich fühlte mich sauwohl. Zweimal erhielt ich eine Lohnerhöhung und gelegentlich fuhr ich auch in Urlaub – bis zu dem Urlaub, der auf dieser Baustelle eigentlich mein letzter sein sollte. Für mich war klar, dass ich mir jetzt in Frankfurt eine Wohnung nehmen und einen 3,3-Liter-Turbo-Porsche in die Garage stellen würde, damit ich in der Freizeit etwas zu spielen hätte. Weiterhin plante ich, die Sache im Ausland durchzuziehen, bis ich etwa 50 Jahre alt wäre. Dann wollte ich mich zur Ruhe setzen. Aber es sollte alles anders kommen.

Ich war mit Freunden auf einem Autorennen, von dem wir sonntags zurückkehrten. Da ich aber noch keine Lust hatte, nach Hause zu fahren, ließ ich mich in einem Nachbarort, in dem gerade Kirmes war, am Festzelt absetzen. Da stand ich an der Theke und unterhielt mich mit Bekannten, als meine jetzige

Frau erschien und sich neben mich stellte. Wir kamen ins Gespräch. Ich war über mich und die Situation so erstaunt, dass ich für den Moment meine Wohnung und meinen Porsche vergaß und mich für den nächsten Tag mit ihr verabredete. Wir verbrachten eine schöne Zeit miteinander, allerdings blieben uns nur noch acht Tage, bis ich wieder zur Baustelle zurückfliegen musste. Schweren Herzens verabschiedete ich mich von ihr.

Wir konnten einmal in der Woche telefonieren, wozu wir in einen 100 Kilometer entfernten Ort fahren mussten, wo meine Firma zu diesem Zweck ein Haus angemietet hatte. Wegen meinem Job musste ich öfter mit Deutschland oder unserem Hauptbüro in der Hauptstadt sprechen. Bei dieser Gelegenheit rief ich dann auch ein paar Mal meine Liebe an, auf Kosten der Firma. Aber das fiel nicht auf, da mein Chef viel öfter und viel länger mit seiner Flamme in Deutschland telefonierte.

So vergingen ein paar Wochen und eines Tages fragte meine Liebe, ob sie mich nicht einmal besuchen könne. Nach Rücksprache mit meinem Chef und etwa zehn Fotokopien von Formularen konnte ich ein Ticket kaufen und ihr zuschicken. Für die Einreise musste man entweder 30 Jahre alt sein, ein Arbeitsvisum besitzen oder verheiratet sein. Sechs Wochen später holte ich sie am 900 Kilometer entfernten Flughafen ab. Wir verbrachten gute drei Wochen auf der Baustelle und lernten uns näher kennen.

Meinen nächsten Urlaub verbrachte ich wieder in Deutschland. Außerdem ließ ich mich sogar krankschreiben, indem ich ein Magenproblem vortäuschte. Ein anderes Mal, ich war erst kurz wieder zurück auf der Baustelle, ging meine Brille kaputt. Also musste ich gleich wieder nach Deutschland fliegen.

Als die Straße bis auf Kleinigkeiten fertig und mein Vertrag erfüllt war, unterschrieb ich keinen neuen Vertrag mehr, obwohl mein

Chef dies unbedingt wünschte. Ich wollte nach Deutschland zurückkehren.

In meinem elterlichen Betrieb sollte jetzt nach Aussage meiner Familie alles besser werden. Nach vier Wochen war jedoch alles wieder wie früher. Ich hielt jedoch meine Füße still und wartete ab.

Am 5. Oktober 1983 heirateten wir und gingen auf Hochzeitsreise – die Welt schien in Ordnung.

Leider sollte aber alles anders kommen. In der Firma war ich wieder der Trottel vom Dienst. Mein Magen meldete sich nun wirklich. Das Ganze kotzte mich im wahrsten Sinne des Wortes so sehr an, dass ich bei meiner alten Firma anfragte, ob ich wieder bei ihr arbeiten könne. In den neun Monaten seit meiner Rückkehr nach Deutschland hatte mich die Baufirma schon zweimal angerufen und mir tolle Jobs in anderen Ländern angeboten. Diese waren nun leider nicht mehr frei, also nahm ich eine andere Stelle an. So satt hatte ich die Arbeit in der Heimat.

Eine eigene Familie

Nach fünf Wochen ging ich wieder für die Baufirma nach Libyen. Meine Frau sollte so schnell wie möglich nachkommen. Wir hatten auf der Baustelle in Bengasi ein Telefon, sodass ich jetzt öfter mit ihr telefonieren konnte. Auf diesem Wege erhielt ich auch eine ganz tolle Nachricht: Ich wurde Vater! Sie dagegen schien sich nicht zu freuen, was mich tief schockierte. Hinzu kam, dass sich ihre Ausreise zu mir unendlich verzögerte. Aber nach vier Monaten konnte sie endlich fliegen.

Es folgte die schönste Zeit meines Lebens. Ich ging meiner Arbeit nach und meine Frau machte den Haushalt. Es kam natürlich auch die Zeit, wo sie sich wegen der Schwangerschaft untersuchen lassen musste, was unser Camp-Arzt in die Wege leitete. Meine Frau war sage und schreibe dreimal zur Untersuchung im Krankenhaus, also längst nicht so oft wie in Deutschland.

Ich war strikt dagegen, dass unser Kind in einem fremden Land zur Welt kam. Die Hygiene war in Libyen nicht so gut wie bei uns, man wusste nie, ob etwas passierte. So redete ich so lange auf meine Frau ein, bis sie zustimmte, nach Deutschland heimzukehren. Sie schob es aber immer wieder heraus, bis schließlich nur noch eine Fluggesellschaft bereit war sie mitzunehmen.

Alles verlief gut und ich wartete darauf, dass auch ich nach Hause fliegen konnte, um bei der Entbindung dabei zu sein. Der Bescheid traf ein, aber der Flieger wollte nicht wie ich. Ich bekam nur einen späteren Flug, und das auch noch in der 1. Klasse. Aber all das war mir völlig egal. Überraschend erwarteten mich meine hochschwangere Frau und mein Schwager am Frankfurter Flughafen. Gemeinsam fuhren wir zu meinem Schwager, um bei ihm zu übernachten. Fünf Stunden später, mitten in der Nacht, meldeten sich die zwei (Frau und Kind), wir sollten doch nun ins Krankenhaus fahren, es sei so weit.

Am 28. März, um 6:30 Uhr, kam unsere Tochter auf die Welt. Ich war der glücklichste Vater im ganzen Umkreis, wenn nicht auf der ganzen Welt.

Ich rief zu Hause an, um die frohe Botschaft zu verkünden. Meine Mutter wunderte sich über meinen Anruf und fragte: „Wo bist du?" „Ich bin im Krankenhaus, wir haben eine kleine Tochter bekommen." Diese Neuigkeit rief sie meinem Vater zu, der nur zur Antwort gab – ich muss dazu sagen, dass mein Bruder schon drei Töchter hatte – : „Meine Kinder sind doch zu blöde, um Jungs zu machen."

Alles ging seinen Gang. Mutter und Kind kamen nach Hause – wir waren jetzt eine komplette Familie. Bevor ich wieder zurück zur Baustelle nach Bengasi musste, sollte unsere Tochter noch getauft werden, was auch klappte. Da die beiden so schnell wie möglich nachkommen sollten, musste unsere Tochter auch gleich einen Reisepass bekommen. Das Büro der Firma kümmerte sich um alles, sogar um die Passbearbeitung meiner Mutter.

Denn sie wollte ebenfalls mitreisen, um zu sehen, wie wir dort lebten. Alles klappte und so kamen die drei rund sechs Wochen später zu mir ins Camp. Nach vier Wochen flog meine Mutter wieder nach Hause.

Einige Wochen später erreichte uns eine Schreckensmeldung: Mein Schwiegervater hatte einen Schlaganfall erlitten. Kurzum, Frau und Kind flogen sofort nach Deutschland, um der Familie beizustehen. Ich weiß nicht mehr, wie lange ich alleine auf der Baustelle blieb, bis ich endlich Urlaub nehmen konnte. Dann sind wir aber gemeinsam wieder zurückgeflogen und hielten selbstverständlich Kontakt zur Familie, um zu wissen, wie es um meinen Schwiegervater stand. Und meine beiden flogen auch mehrmals nach Deutschland auf Krankenbesuch.

Es kam, wie es – aus meiner Sicht – kommen sollte, meine Frau wurde ein zweites Mal schwanger, worüber ich mich wieder sehr freute. Aber wie sollte es jetzt weitergehen? Untersuchungen, Reisen – das alles mit unserer kleinen Tochter? Man wächst in eine solche Situation hinein. Wir bekamen sogar eine Urlaubseinladung meiner Eltern nach Teneriffa. Sie wollten dort ein Ferienhaus kaufen, das wir uns anschauen sollten. Ich Idiot buchte einen Flug, der total in die Hose ging, aber das zu erzählen, würde zu lange dauern. Nur so viel: Wir brauchten zwei ganze Tage für die wenigen Flugkilometer – und das mit unserem kleinen Wurm und meiner schwangeren Frau. Diese Buchung tut mir jetzt noch leid. Nach zehn Tagen flogen wir wieder zurück, ohne dass sich meine Eltern ein Feriendomizil gekauft hatten. Im Nachhinein, glaube ich, waren alle froh.

Fast kam meine kleine Familie zu spät zur Entbindung nach Deutschland. Ich sollte wieder nachkommen, flog dieses Mal aber früher nach Hause und war schon eine Woche vor der Geburt da, sehr froh, meine Familie wieder um mich zu haben.

Unser Sohn kam am 1. August 1987 zur Welt. Diesmal war mein Vater ganz aus dem Häuschen. Und wir natürlich auch!

Inzwischen war mein Vertrag auf der Baustelle ausgelaufen. Da ich vor langer Zeit um meine Versetzung an einen anderen Ort gebeten hatte, sollte ich nun in ein anderes Land geschickt werden, in dem die Lage sehr unruhig war, und das auch noch mit einem Junggesellen-Vertrag. Das ging gar nicht. Ich sollte mir die Entscheidung innerhalb einer Frist von 60 Tagen überlegen, denn ich hatte noch 147 Tage Urlaub.

Endgültige Rückkehr nach Deutschland

Nach insgesamt sechs Jahren in Libyen entschloss ich mich, es noch einmal zu versuchen und bei meinem Vater in der Firma zu arbeiten. Jetzt lief es besser. Ich hatte mit allen Konsequenzen eine Aufgabe, die mir Spaß machte.

Nach fünf erfolgreichen Jahren wurden mein Bruder und ich gemeinsam Geschäftsführer. Mein Vater blieb uns aber als wertvoller Ansprechpartner erhalten. Wir bauten unser Unternehmen immer weiter aus. Der Baumarkt wurde um ein Gartencenter erweitert, was wie eine Bombe einschlug. Wieder musste ich etwas Neues lernen. Bis dahin hatte ich nicht einmal gewusst, was eine Staude war oder welcher Dünger wofür genommen wurde. Prüfungen mussten absolviert werden, damit wir auch Chemikalien und Gifte verkaufen durften. Aber ich hatte tolles Personal, angefangen von meiner Mutter und meiner Frau bis zum letzten Helfer.

Im zweiten Jahr hatten wir während der Beet- und Balkon-Pflanzzeit Probleme mit dem Lieferanten. Aber meine Frauen unterhielten die auf unsere Werbung hin erschienene Kundschaft mit Schnaps und Kaffee, während ich dem Lieferanten hinterhertelefonierte. Als der LKW nach zwei Stunden endlich eintraf, verkauften wir auf dem Parkplatz die Ware direkt vom Wagen.

In der Pflanzzeit musste ich immer 18 bis 20 Stunden arbeiten, aber sonntags habe ich nur gegossen und mit den Pflanzen gesprochen. Viel konnte ich in dieser Zeit nicht mit der Familie unternehmen. Nur samstags gingen wir meistens zusammen in die Pizzeria.

Auch die Fliesenabteilung erweiterten wir. Hier hatte ich ebenfalls Glück mit dem Personal, das so engagiert arbeitete, dass es jedem Spaß machte. Wir hatten nur Erfolge, wir konnten sogar palettenweise Duschkabinen,

Badewannen oder Duschwannen einkaufen und damit werben. Fliesen gingen in dieser Zeit oft gleich palettenweise weg.

Der Aufwand, außerdem einen Bastelshop einzurichten, war sehr groß. Leider lief er, als die ältere Mitarbeiterin, die dies sehr gut gemacht hatte, in Rente ging, praktisch nur noch nebenher. Na ja, es konnte ja nicht alles so rundlaufen wie Gartencenter und Fliesen!

Dann allerdings erkrankte mein Vater an Krebs. In den Nächten, in denen ich bei ihm Nachtwache schob, fragte ich ihn: „Hast du mir noch etwas zu sagen?" Vielleicht wollte ich von ihm hören, dass ich meine Sache in der Firma gut gemacht habe, oder Worte wie: „Mach so weiter wie bisher!" Einfach nur eine Anerkennung meiner Arbeit. Im Laufe der Zeit hatte ich mir eingeredet, wenn er nichts Negatives sagte, hatte ich vieles oder sogar alles richtig gemacht. Aber leider kam nichts dergleichen. Er gab mir keine Antwort. Ich vermute, dass er keine mehr geben wollte, da er nichts mehr hätte ändern können. Die

Frage, warum er nicht mehr mit mir sprach, blieb für immer unbeantwortet.

Meine Mutter bat mich am Abend vor seinem Tod, ins Krankenhaus zu kommen. Sie hatte das Gefühl, dass es mit ihm zu Ende gehen würde. Um 6 Uhr morgens starb mein Vater, leider viel zu früh mit 69 Jahren. Über seinen Tod ausführlicher zu berichten, fällt mir schwer und ich möchte es bei diesen Worten belassen. Nur noch so viel: Er fehlt mir bis heute sehr.

In dem Trauerjahr lief alles in der Firma wie gewohnt weiter. Wir hatten die Aufgaben so aufgeteilt, dass jeder so viel zu tun hatte, dass es gar keine Zeit gegeben hätte gegeneinander zu arbeiten. Ich sollte die kaufmännische Arbeit erledigen, dafür mit dem Buchhalter zusammenarbeiten und mich um den Baumarkt mit dem Gartencenter kümmern und mein Bruder um den Baustoffhandel und den Natursteinbetrieb.

Aber ich war wieder einmal zu gutgläubig und ließ mich nur selten im Hauptbetrieb sehen, weil es immer hieß, alles sei in Ordnung. Nur einmal wurde ich gerufen, um einen Mitarbeiter nach Abmahnung zu entlassen, was ich auch getan habe. Der Hintergedanke meines Bruders lautete: „Ich habe dich nicht entlassen, ich persönlich kann dich gut gebrauchen." Mich rückte er damit ins schlechte Licht. Aber es war ja nun einmal meine Aufgabe, das gesamte Personal zu führen.

Alle zwei Wochen trafen wir uns zur Besprechung mit den engsten Mitarbeitern, die alle in demselben Gebäude beschäftigt waren. Mein Baumarkt lag 15 Kilometer entfernt. Zu der Zeit wohnte ich auch auf dem Baumarktgelände. Ich war dumm und hatte nur „MEINEN" Baumarkt im Kopf. Stolz verzeichnete ich die monatlichen Umsatzsteigerungen. Vielleicht konnte mein Bruder das nicht verkraften. Bei unseren Besprechungen äußerte ich einen Einwand, als er ein neues Auto für einen Fliesenleger anschaffen wollte, obwohl er selbst zwei Firmenwagen besaß. Ich meinte, er solle doch seinen Pickup abgeben und mit dem Mercedes fahren. Ich selbst fuhr einen Renault Espace, den ich vier Jahre vorher privat gekauft hatte und nach anderthalb Jahren an die Firma verkaufen musste, wegen der Gleichstellung (jeder Geschäftsführer hatte laut Gesellschaftervertrag Anspruch auf einen Firmenwagen). Mein Einwand wurde mir auch von den anderen Herren arg übel genommen, schließlich beugte ich mich der Mehrheit.

Ach ja, bei einer weiteren Besprechung, aber nur unter uns zweien, teilte mir mein Bruder mit, dass wir unser Gehalt um das Doppelte erhöhen würden. Dies habe er schon mit dem Steuerberater (mit dem er ein gutes, persönliches Verhältnis pflegte) abgestimmt. Mein Einwand: Bitte lass uns die Kuh nicht melken. Wenn wir eine größere Summe benötigten, könnten wir diese doch als Privatentnahme aus der Firma ziehen. Aber nein, alles war schon vom Steuerberater und meinem Bruder so beschlossen. Schon wieder hatte ich verloren. Ich ließ es geschehen, alles nur des lieben Friedens willen.

Doch dann ritt der Teufel meinen Bruder. Ich glaube, dass der Auslöser unserer Probleme die Tatsache war, dass wir einen Zweigbetrieb in einer 130 Kilometer entfernten Stadt eröffneten. Dieses Geschäft startete mit riesigen Vorschusslorbeeren des Verbands, mit dem wir gemeinsam den Baumarkt in unserer Heimat betrieben, die aber nicht zum Tragen kamen. Wir hatten uns dummerweise bequatschen lassen. Mein Bruder zog sich schon nach drei Monaten aus dem Geschäft zurück.

Er hatte auch leichtes Spiel mit mir, da ich nervlich am Ende war. Ich hätte ihm sogar die Firma geschenkt, aber das wollte er aus steuerlichen Gründen nicht.

Mein Bruder muss alles schon lange geplant haben, denn bereits Monate vorher stand mein Name nicht mehr auf den Geschäftspapieren. Mein Steuerberater hatte das gesehen und mich darauf hingewiesen. Ich fragte meinen

Bruder daraufhin, ob ich schon irgendetwas unterschrieben hätte, wovon ich nichts wisse. Seine Aussage: „Die Druckerei hat bestimmt nur vergessen dich aufzuführen." Ich glaube, ich spinne, so eine dumme Ausrede!

Wahrscheinlich hatte er lange daraufhin gearbeitet, mich komplett aus der Firma zu drängen, was ihm nach zwei Jahren schließlich auch gelang. Diese Trennung wünschte aber auch ich, weil die Zusammenarbeit mit ihm von Anfang an nicht richtig klappen wollte. Nur wegen meiner Eltern hatte ich trotz aller Bedenken zugestimmt.

Das Verhältnis zwischen meinem Bruder und mir war bereits seit der Kindheit angespannt. Früher hatte ich lange lockige Haare und war ruhiger als er. Ich kann mich nicht daran erinnern, ihm jemals etwas angetan zu haben. Da ich als Kind abends immer Gipsschalen anlegen musste, sollte er mich nachts zur Toilette tragen. Vielleicht war das zu viel für ihn. Ich weiß es nicht. Es kann auch sein, dass er sich benachteiligt fühlte, weil ich so oft zum Arzt musste. Keiner kann genau sagen, was in dieser Zeit von wem auch immer falsch gemacht wurde.

1998 erzählte mir ein Lehrling, dass ich zwischen 1978 und 1980 in unserer Firma bespitzelt worden sei. Als ich das hörte, bekam ich keine Luft mehr und hatte Schwierigkeiten, diese Nachricht zu verdauen, ohne sofort aufzuschreien. Ich war fassungslos. Aber jetzt wusste ich, wo ich die Person verorten musste, die dem Lehrling diesen Auftrag erteilt hatte. Ich hatte schon länger den Verdacht, unter Beobachtung zu stehen, aber so hatte ich mir das nicht vorgestellt.

Also stieg ich aus der Firma aus. Mit meinem Bruder und seiner Familie wechselte ich nie mehr ein Wort. Die Trennung nahm mich gesundheitlich sehr mit. Durch Zufall fand ich in unserer Gemeinde mein Wunschhaus und kaufte es. So konnte ich pünktlich die Firmenwohnung räumen.

Selbstständig

Ich machte schon in den ersten Monaten
den Fehler, mich mit einem Immobilienge-
schäft selbstständig zu machen. Obwohl ich
keinerlei Vorkenntnisse besaß, hatte mir mein
Steuerberater dazu geraten. Parallel zu diesem
Büro zog ich eine Trockenbaufirma auf, mit
der mein Geschäftspartner und ich Erfolg
hatten. Nachher ist man immer schlauer.
Wieder etwas gelernt. Nach sechs Jahren in
der Immo-Branche schloss ich mein Geschäft.

Ich kaufte mir bei Engelbert Strauss
Arbeitsklamotten und ging auf die Baustelle. Jetzt fing die Sache an, richtig Spaß zu
machen. Wir hatten Aufträge genug, sodass
wir noch einen Mann einstellen konnten. Ich
kaufte hier und da ein Haus, das wir renovier-
ten und anschließend weiterverkauften. Sogar
einen Wunsch erfüllte ich mir, nämlich ein
Mansardendach-Haus. Ich kaufte ein Grund-
stück in unserer Gemeinde und entwarf einen

Bauplan für mein Traumhaus, den wir bald verwirklichten. Dann aber musste ich das Haus leider verkaufen. Denn nach dem tragischen Todesfall meiner Nachbarin konnte ich ihr Haus erwerben, was mir von ihr schon vor langer Zeit angeboten worden war. Der Neffe der Dame machte mir die Sache jedoch nicht einfach. Nach dem Kauf überlegten wir, was wir wirtschaftlich am besten daraus machen könnten. Mir kam die Idee, ein Gästehaus einzurichten und die Zimmer zu vermieten. Gesagt getan. 2007, nach zweijährigen Überlegungen und Verhandlungen, begannen wir mit dem Projekt. Bereits drei Monate später, am 28. März 2007, fand die Eröffnung statt und im Dezember 2007 schliefen die ersten Übernachtungsgäste bei uns. So kamen wir wie die Jungfrau zum Kinde in die Gastronomie. Meine Frau und ich teilten uns die Arbeit. Ich bereitete morgens das Frühstück zu, anschließend ging ich „zu meinen Jungs" auf die Baustelle. So überstanden wir die ersten Jahre.

Umbau unseres Gästehauses (Januar 2007)

In der Zwischenzeit schloss unsere Tochter ihr Studium ab und zog wieder zu Hause ein. Sie brachte auch ihren Freund mit. Beide wussten nicht, was sie machen sollten. Er hatte keinen Beruf und sie war diplomierte Künstlerin ohne Arbeit. So kam uns die Idee, unsere Tochter könne das Gästehaus betreiben. Aber was mit dem Freund machen, der das Abitur hatte, aber nicht mehr studieren wollte? Am liebsten wollte er bei mir in der Trockenbaufirma mitarbeiten, aber ich konnte ihn nicht immer gebrauchen. Oft tat er mir leid, wenn er morgens (unaufgefordert) im Büro saß und vergeblich darauf wartete, dass ich ihn mitnahm. Wenn ich ihn brauchte, gab ich ihm jedes Mal schon am Vorabend Bescheid, worüber er sich stets freute. Er hat auch viel bei uns am Haus gemacht. Wir rieten ihm, etwas zu lernen, damit er einen Beruf vorweisen konnte. Nach einem Jahr entschloss er sich zu einer kaufmännischen Lehre und übt diesen Beruf noch heute aus.

Da auch unser Sohn nach der Schule absolut nicht wusste, was er machen sollte, drückte ich ihm die Ausbildung bei einer Sanitärfirma aufs Auge – mit dem Hintergedanken, dass er meinen Laden einmal übernehmen könne. Wegen Insolvenz musste er den Lehrherrn wechseln. Während der ganzen Ausbildung war er jedoch unzufrieden. Auch auf der Baustelle gefiel es ihm nicht. Oft musste ich ihn früher gehen lassen, weil er schon morgens fragte: „Wie lange machen wir denn heute?" Er wollte immer nur zu seinen Freunden. Kurz und gut, er suchte nach einer anderen Arbeit, die ihn befriedigte. Eines Tages gab er bekannt, dass er eine Freundin habe, die er uns auch vorstellte. Sie ist sehr sympathisch.

Schreckensnachrichten

Nachdem nun unsere Kinder versorgt waren, sollte man meinen, dass wir es geschafft hatten. Aber immer wieder gab es negative Nachrichten. Viele unserer Bekannten mussten ins Krankenhaus. Auch meine Schwiegermutter tat sich altersbedingt schwer mit ihrem Leben, sodass sie versorgt werden musste. Meine Frau übernahm diese Arbeit mit vollem Einsatz bis zum Tode ihrer Mutter am 10. Oktober 2012.

Es sollte aber noch schlimmer kommen. Da ich starke Rückenschmerzen hatte, ging ich endlich zu meiner Hausärztin, die mich zum Röntgen schickte. Also nichts wie ins Krankenhaus: Die Diagnose lautete Rippenbruch, keiner wusste, wie ich mir den eingefangen haben könnte. Das war für meine Ärztin der Auslöser, mich schnellstmöglichst in ein radiologisches Institut zu überweisen, um die Sache genauer abklären zu lassen.

Gesagt, getan. Kontrastmittel und ab in die Röhre. In der Umkleidekabine machte es beim Schuhezubinden schon wieder knack. Nach zwei Tagen kam der Befund. Ich sollte mich von einem Spezialisten in einem Krankenhaus meiner Wahl untersuchen lassen. Ich entschied mich für Koblenz.

Meiner Hausärztin bin ich äußerst dankbar. Sie gab keine Ruhe, bis die Sache einen Befund hatte, weil zwei Rippenbrüche in so kurzer Zeit bestimmt eine tiefer gehende Ursache haben mussten. Wäre meine Hausärztin nicht gewesen und hätte sie nicht auf weitergehenden Untersuchungen bestanden, wäre ich bestimmt nicht mehr am Leben.

Multiples Myelom

An meinem Rückgrat hatte sich ein Tumor gebildet. Schnellstmöglich wurde ein OP-Termin festgelegt. Nach erfolgreicher Operation musste ich acht Tage lang auf den Befund warten. Der Chirurg erschien an meinem Bett und teilte mir mit: „Sie haben ein Multiples Myelom." Was ist das? Das Multiple Myelom gehört zu den häufigsten Tumoren des Knochenmarks, es ist eine bösartige Tumorerkrankung aus der Gruppe der Non-Hodgkin-Lymphome. Oder, um es mit meinen Worten zu sagen: Knochenkrebs.

Ich verstand kein Wort, denn ich wollte es nicht verstehen. „Ich möchte Sie mit unserem Professor bekannt machen, der Sie weiter behandeln und beraten kann", so die Worte des Arztes. Gesagt, getan. Ich wurde auf eine andere Station verlegt.

Ich weiß überhaupt nicht mehr, wie ich reagiert habe. Ich weiß nicht, ob ich zu Hause angerufen habe. „Krebs" – ich, der ich immer gesund war und doch auch immer noch bin?!? Ich weiß nicht, wie ich in das andere Krankenzimmer kam. Sondern ich kann mich erst wieder daran erinnern, dass mir Infusionen gelegt und mir gesagt wurde, dass wir das mit einer Chemotherapie wieder hinbekämen. Ich Chemo, ich keine Haare, ich soll krank sein? Ich konnte es nicht fassen.

1000 Dinge gehen einem da durch den Kopf. Was mache ich mit meiner Familie, was mache ich mit meinem Betriebchen, was mache ich mit den Immobilien, was passiert mit dem Objekt in Düsseldorf – ich hatte ja meiner Frau versprochen, sie mit alldem nicht alleine zu lassen?

Schulden habe ich auch noch – wie bekomme ich das geregelt. Außerdem hatte ich meine Lebensversicherung beitragsfrei gestellt. Ich muss diese wieder aktivieren, damit wenigstens die Kredite abgesichert sind.

So viele Dinge gehen einem da durch den Kopf, dass man an die Krankheit gar nicht denken kann. Ich glaube auch, dass das gut ist.

Ich verbrachte die Zeit im Krankenhaus damit, morgens schon sehr früh nach draußen zu gehen, um eine zu rauchen und die BILD-Zeitung zu holen. Anschließend trank ich Kaffee und wartete darauf, was kam. Dreimal in der Woche erhielt ich eine kleine Chemo, die ich gut vertrug. Täglich besuchte mich meine Familie, die mich sehr unterstützte.

Nach 28 Tagen wurde ich nach Hause entlassen und bekam weiterhin eine ambulante Chemo. Das Ärzte-Team hatte mich gut beraten, ich fühlte mich wohl.

Nach sechs Monaten mit vier Zyklen à sechs Chemos wurde mir in einem Gespräch mitgeteilt, dass es auf diesem Wege keine Heilung geben könne. Der Vorschlag lautete, eigene Stammzellen zu transplantieren. Ich war mit allem einverstanden. Hauptsache, es ging weiter. Keiner hat mir bis dahin jemals gesagt, dass diese Krankheit unheilbar ist.

Da ich mit schwerer Parodontose im Ober- und Unterkiefer zu kämpfen hatte, musste ich vorher noch zum Zahnarzt, bei dem mich die nächste Hiobsbotschaft erwartete: Acht Zähne müssten vor der Stammzellenübertragung gezogen werden. Der Zahnarzt wollte alles auf einmal und ohne Vollnarkose vornehmen, wogegen ich mich aber wehrte. Die Ärztin in der Ambulanz hatte Beziehungen zu einem Zahnarzt, der mit Vollnarkose arbeitete. Tage später war es bereits so weit und ich muss sagen, dass es mir nach der zweistündigen Zahnbehandlung nicht schlecht ging und ich mich schon nach ein paar Stunden an die neuen Zähne gewöhnt hatte. Die OP war so gut verlaufen, dass ich nur zu einer einzigen Nachuntersuchung kommen musste.

Um mich auf die Stammzellengewinnung einzustellen, wurde ich bereits am Vorabend im Krankenhaus aufgenommen. Am nächsten Morgen um 5:30 Uhr erfolgte die Abholung zur Zellengewinnung, bewaffnet mit einem Carepaket aus der Kantine. Der Fahrer ließ mir trotz seiner Fülle in dem kleinen Opel Combo genügend Platz zum Atmen. In Ratingen wurde ich nicht gerade freundlich begrüßt, da ich meine Plastiktüte in der Hand hielt und nicht wusste, wohin damit, bis die Schwester sagte, ich solle die Sachen in ein Schließfach legen. Nun musste ich auf einem großen Sessel, der extra für diese Aktionen vorgesehen war, Platz nehmen. Es wirkte, als säße ich in einem Flugzeugcockpit. Die Schwester erteilte mir einige Anweisungen, die ich nicht ganz verstand, aber Nachfragen waren nicht erwünscht. Ich wurde auf einer Seite angestochen, um mir Blut abzunehmen, und auf der anderen Seite, um es wieder in mich hineinzupumpen. Dazwischen war eine Art Zentrifuge, die die Zellen herausfiltern sollte. Nach vier Stunden, in denen ich mich nicht bewegen durfte, wurde ich ohne weitere Kommentare in ein Taxi gesetzt, das mich zurück nach Koblenz brachte. Einen Tag später durfte ich von dort mit dem eigenen Auto nach Hause fahren.

Dreimal wöchentlich musste ich nun zwecks Vorbereitung der Stammzellentransplantation zur Chemo in Koblenz erscheinen. Nach etwa zwei Wochen fuhr ich dann ins Krankenhaus, um eingestellt zu werden. Auch die starke Chemo sollte jetzt erfolgen. Nach drei Tagen konnte ich wieder nach Hause, mit Spritzen im Gepäck, die die Zellen anregen sollten und die ich mir abends selbst in den Bauch setzen musste. Auf der Heimfahrt strich ich mir über den Kopf und siehe da, meine Hand war voller Haare. Also Fenster auf und raus damit. Ich hielt auf einem Parkplatz und strich mir die losen Haare vom Kopf.

Fünf Tage später wurde ich erneut ins Krankenhaus gebracht, um nun meine eigenen Zellen zu erhalten. Das Ganze passierte auf der Isolierstation, allerdings in einem Zweibettzimmer, das nur mit Maske und nur für den WC-Gang verlassen werden durfte. Ansonsten war man auf etwa 20 m² eingesperrt. Besucher mussten Kittel, Maske und Handschuhe anziehen und es durften auch nicht mehr als zwei Personen am Tag kommen. Mir wurde mir ein zentralvenöser Katheter (ZVK) gelegt, durch den mir täglich Blut abgenommen wurde und durch den ich die Infusionen erhielt.

Nach weiteren drei Tagen, am 27. August 2012, war es so weit: Ich sollte meine eigenen Stammzellen bekommen. Es wirkte auf mich, als wenn ich der Erste im Krankenhaus war, der diese Prozedur über sich ergehen lassen musste. Der Professor und zwei weitere Ärzte sowie ein Pfleger erschienen, um die Sache einzuleiten. Nach einer halben Stunde war alles vorbei und der Professor sagte: „Wir haben jetzt Ihr Leben um mindestens zehn Jahre verlängert."

Nach der Stammzellentransplantation ging es wieder einmal nach Hause. Da meine Haare nicht komplett ausgefallen waren und ich schrecklich aussah, brachte mich unser Sohn zum Friseur. Weiterhin musste ich dreimal in der Woche zur Ambulanz. Bis zu dem Tag, etwa vier Monate später, an dem uns die Ärzte sprechen wollten. Mir war ganz komisch zumute. Zurecht, denn die Zellen hatten nicht angeschlagen. Erst jetzt wurde mir richtig klar: „Ich bin krank." Da der Arzt uns die Sache ganz vorsichtig beibrachte, gelang es mir, mich noch unter Kontrolle zu halten. Ich musste mich jedoch sehr stark am Riemen reißen, um nicht loszuheulen. Also wieder ein neuer Versuch, das Ganze noch einmal von vorne.

Weihnachten sollte ich zu Hause verbringen und mich im kommenden Jahr wieder melden. Am zweiten Weihnachtsfeiertag läutete das Handy, meine Nichte war am anderen Ende und teilte mir mit, dass mein Bruder bei einer Autofahrt, ohne einen Unfall gehabt zu haben, plötzlich verstorben sei. Diese traurige Nachricht musste ich nun meiner Mutter beibringen, da die Verbindung zwischen ihr und der Familie meines Bruders ebenfalls abgerissen war. Jetzt drehte sich erst einmal alles um den tragischen Tod meines Bruders, der nur

62 Jahre alt geworden war und Anfang des neuen Jahres beigesetzt wurde.

Danach meldete ich mich im Krankenhaus und wollte wissen, wie es jetzt weitergehe. Antwort, ich solle mich bereit machen zu einer neuen Transplantation. Dieses Mal ließ ich mir die Haare, die inzwischen nachgewachsen waren, kurz rasieren. Da ich noch Zellen in Ratingen hatte, blieb ich davon verschont, die Spende wiederholen zu müssen. Alles andere lief ab wie vor fünf Monaten: Chemo und Infusionen. Bald war ich ein Profi auf dem Gebiet. In der ganzen Zeit meiner Behandlung musste ich feststellen, dass andere Patienten viel schlimmer dran waren als ich. Das hat mir immer wieder Mut gemacht.

Ich kann nicht mehr sagen, wie lange ich im Krankenhaus bleiben musste. Als ich nach Hause kam, ging es mir nicht besser und nicht schlechter als beim ersten Mal. Wöchentlich musste ich in die Operative Tagesklinik (OTK) nach Koblenz zwecks Untersuchungen und Infusionen. Nach drei Monaten gab es erneut ein Gespräch mit dem Professor, der zu berichten wusste, dass er leider nichts mehr für mich tun könne, als mich zu einem Arzt zwecks einer anderen Therapie zu überweisen.

Natürlich nahm ich die Überweisung an, was blieb mir sonst übrig? Der Arzt Dr. v. R. untersuchte mich und stellte mich medikamentös ein. Diese Tabletten lösten jedoch nach sechs Wochen Taubheitsgefühle in meinen Händen und Füßen aus, sodass wir die Therapie sofort beenden mussten.

Weiterbehandlung in Mainz

Dr. v. R. ermöglichte in Zusammenarbeit mit dem mich behandelnden Professor meine Überweisung in die Uniklinik Mainz. Gesagt, getan – auf nach Mainz.

Telefonisch wurde ein Erstgespräch mit Frau Dr. W. vereinbart, die mich sehr freundlich empfing. Ihr lagen alle Befunde aus Koblenz vor, sodass sie einen umfassenden Einblick in meine Krankengeschichte besaß.

Weitere Termine folgten, während derer ich die Station kennenlernen konnte. Nach mehreren Untersuchungen wurde mir gesagt, dass jetzt für die allogene Stammzellentransplantation ein Fremdspender gesucht werde, was aber Monate in Anspruch nehmen könne. Man werde mich benachrichtigen. Nachdem mir diverse Tabletten verschrieben worden waren, konnten wir nach Hause fahren. Jetzt war Warten angesagt. Die Zeit wurde mir nicht lang, da es mir nicht sehr schlecht ging.

Ich konnte mich frei bewegen und fast alles machen, außer eine Erkältung zu bekommen.

Nach etwa zwei Monaten erhielt ich den ersehnten Anruf aus Mainz, dass ein Spender gefunden worden sei. Nach zweieinhalb Jahren vergeblicher Therapie sollte ich nun Fremdzellen bekommen. Ob das helfen würde? Ich erhielt einen Termin für die Stationäre Aufnahme auf der Station 3 C und musste mich wieder vorbereiten, also die Haare so kurz wie möglich schneiden lassen und den Koffer packen. Zimmer 6 stand für mich bereit, ein Einzelzimmer, das sehr neu aussah. Nach der Aufnahme ging alles seinen Weg, wie bei der Eigenzellentransplantation, der autologenen, im Krankenhaus in Koblenz. Ein neuer zentraler Venenkatheter (ZVK) wurde mir gelegt und zwar von einem sehr ruhigen und zuvorkommenden Arzt aus Rumänien. Im Gegensatz zu den anderen ZVK habe ich nichts gespürt. Er scherzte noch, so etwas habe er in seiner Heimat früher mit einer Stricknadel machen müssen. Nun war der Weg frei für die große Chemo, die das Immunsystem wieder einmal komplett nach unten fuhr. Diese war schon eine Nummer größer als die in Koblenz. Aber auch sie habe ich gut vertragen. Jeden Tag bekam ich Besuch von meiner Familie, ein Weg von immerhin 330 Kilometer hin und zurück. Es wurde mir also nicht langweilig. So vergingen die Tage mit Untersuchungen und Blutabnahmen.

Am 11. Juni 2014 sollte ich transplantiert werden. Aber ich entschied mich anders, denn ich bekam eine Sepsis, das heißt Fieber und Krämpfe. Die Transplantation musste verschoben werden. So erbärmlich hatte ich mich noch nie gefühlt. Am liebsten wäre ich gestorben, mir war alles total egal. Ich bekam sogar einen Blasenkatheter, damit hätte ich nie gerechnet, aber das war mir nun auch gleichgültig. Ich wurde von einer Abteilung zur anderen gebracht, bis man mich wieder stabilisiert hatte und die eigentliche Behandlung fortgesetzt werden konnte.

Hier muss ich unterbrechen und etwas Erfreuliches berichten: Am Tag meiner Transplantation machte unser Sohn auf dem Flur im Krankenhaus seiner jetzigen Frau einen Heiratsantrag, der natürlich von unserer Schwiegertochter angenommen wurde. Die Hochzeit sollte ein Jahr später sein. Warum? Man hatte mir gesagt, wenn ich die Transplantation überstehe, müsse ich mich ein Jahr lang schonen. So kam es auch: Am 13. Juni 2015 war Hochzeit.

Nach der Fremdzellenverpflanzung ging es mir zunächst nicht schlechter als bei der Eigenzellentransplantation. Bis zum Tag 3: Auf einmal fühlte ich mich so schwach, dass ich mich kaum auf den Beinen halten konnte. Da ich auch nichts essen konnte, wurde ich über den ZVK künstlich ernährt. Ich weiß nicht, wie viele Beutel um mich herum hingen. Die täglichen Besuche meiner Familie nahm ich nicht immer wahr, mir war alles zu viel. Ich wollte einfach nur schlafen und versuchen, möglichst wenig nachzudenken. Jeden Morgen musste ich nach dem Frühstück auf dem Flur entlanggehen, mit Handschuhen, Maske und OP-Kittel. Manche liefen schon mit so viel Power, dass ich dachte, das schaffst du nie! Ich ging nicht, sondern ich schleppte mich dahin und war nach zweimal rauf und zweimal runter froh, wieder in meinem Zimmer zu sein. Anschließend waren Duschen und Umziehen angesagt. Ich war so schwach, dass ich nicht einmal lesen oder fernsehen konnte. Ich wollte einfach nur liegen. Nach weiteren sechs Tagen ging es mir etwas besser, sodass ich den Flur nun auch leichter bewältigte. Jeden Tag wurde mir gemeldet, dass meine Blutwerte zufriedenstellend seien und ich große Fortschritte machte. Das Essen, das, egal ob man gesund war oder krank, immer schlecht schmeckte, schob ich lustlos in mich hinein. Hätte ich das nicht getan, drohte man mir mit weiterer künstlicher Ernährung und das wollte ich nicht. Das Pflegepersonal war wirklich stets sehr zuvorkommend und so konnte ich mir auch schon einmal ein Rührei wünschen.

So verging die Zeit, bis ich nach 33 Tagen endlich nach Hause fahren durfte. Bestimmt zehnmal hatte ich gefragt, für welche Uhrzeit ich das Taxi aus meiner Heimat bestellen solle. Die Entlassungsärzte auf der Station hatten zwei Tage vor meiner Entlassung gewechselt und meiner Ansicht nach das Ganze nicht richtig im Griff. Daher verschob sich meine Entlassung immer weiter. Bis ich im Schwesternzimmer drohte jetzt zu gehen, da mir die Sache zu dumm wurde. Auf einmal ging alles ganz schnell.

Zu Hause ließ ich mich gleich auf dem vorbereiteten Sofa nieder. Meine Frau hatte alles so hergerichtet, wie es das Krankenhaus angeordnet hatte. Alle Blumen entfernt, alle Teppiche weg oder gereinigt, alles musste keimfrei sein, damit „dem Jungen" nichts passierte. Und das Essen so zubereitet, wie in der Heimfibel des Krankenhauses beschrieben.

In den ersten fünf Monaten musste ich jede Woche nach Mainz in die Stammzellen-Transplantationsambulanz. Nach der Blutabnahme erhielt ich zunächst eine Ladung Kochsalzlösung (1 Liter). So wurde die Zeit bis zur Arztbesprechung überbrückt. Ab dem sechsten Monat wurden die Abstände auf alle zwei Wochen ausgedehnt und dann auf alle vier Wochen.

Nach elf Monaten mit meinen neuen Zellen taten mir hier und da meine Knochen weh. Besonders im Rücken. Langsam ging mir auch die Geduld aus, da ich mich überwiegend zu Hause aufhalten musste. Ich kam mir vor wie ein Freigänger aus dem Gefängnis. Jeder sagte: „Auch das schaffst du noch!", aber ich hatte keine Lust mehr.

13 Monate nach der Transplantation war mein Immunsystem endlich da, wo es hinsollte. Es hatte sich so weit stabilisiert, dass ich alle Tabletten weglassen konnte, außer denjenigen für die Schilddrüse. Ich kaufte mir sofort Schinken und Salami und verschlang sie mit Heißhunger. Danach wurde mir klar, dass ich dies gar nicht vermisst hatte. Morgens um 6 Uhr war für mich die Welt in Ord-

nung, aber sobald es 15 Uhr wurde, war ich so kaputt, als wäre ich einen Marathon gelaufen. Ich wollte so gerne etwas tun, etwa im Garten hier oder da einen Ast abschneiden, aber meine Frau hatte jedes Mal Einwände. Mir könnte ja etwas passieren. Also tat ich gar nichts, außer spazieren zu gehen und viel zu lesen. Aber das konnte doch so nicht bleiben. Öfter besuchte ich auch meine Mutter, aber das war nicht das, was mich befriedigte. Sie hatte eine Baustelle aufgemacht, sie ließ renovieren. Ich versprach ihr, mich darum zu kümmern. Aber sobald die Handwerker Staub produzierten, musste ich schnell verschwinden, da ich den nicht vertrug.

Nach weiteren acht Wochen erschien ich wieder zur Kontrolle in der Uniklinik und ging davon aus, dass alles in Ordnung sei. Zwei Tage später rief mich die Ärztin an, meine Lambda-Leichtketten seien zwar etwas gestiegen, aber das sei noch nicht beunruhigend. Ein neuer Termin wurde vereinbart, aber nicht in acht, sondern bereits in vier Wochen.

Ein CT sollte gemacht sowie Urin und Blut untersucht werden. Anschließend musste ich wiederum fünf Tage auf den Befund warten. Wie sollte es anders sein, meine Leichtketten waren weiter gestiegen. Das CT war bis auf Kleinigkeiten unverändert.

Wie sollte es nun weitergehen? Es gab eine Weiterentwicklung der Revlimid Medizin, die bei mir Nervenschäden an Händen und Füßen verursacht hatte und nun Imnovid hieß. Das wollten wir jetzt ausprobieren. Die nötigen Blutuntersuchungen konnten bei meiner Hausärztin gemacht werden, ich ging von einer wöchentlichen Blutabnahme aus. Wieder nahm ich jede Menge Tabletten ein und musste mir täglich eine Thrombosespritze in den Bauch setzen.

Das neue Medikament löste bald ein furchtbares Jucken auf meinem Kopf aus. Die Ärzte sagten, ich solle es, solange ich es aushalten könne, weiter einnehmen. Das Jucken ließ nach, nur bekam ich jetzt über dem linken Ohr Schmerzen. Nachts kam ich nicht immer zur Ruhe, was aber auch an der Medizin liegen konnte. Ich begann, immer mehr darüber nachzudenken, was ich noch machen müsse oder wolle, und nahm mir vor, nicht so viel zu grübeln. Nach 18 Monaten war es immer noch nicht besser.

Bei meinem nächsten Besuch in Mainz erhielt ich eine Grippe-Schutzimpfung. Der Arzt meinte, das müsse sein, da im vergangenen Jahr fünf Patienten an der Grippe verstorben seien. Langsam machte mir nun doch Sorgen. Ich hatte so eine starke Unruhe in mir, dass ich nicht wusste, wie es weitergehen sollte. In jener Woche hätte ich wieder anrufen sollen, um meinen Befund abzufragen. Sollten die Lambda-Leichtketten weiter gestiegen seien, würde ich verrückt werden. Es konnte aber nicht so schlimm sein, da mein Rhythmus wieder auf acht Wochen ausgedehnt worden war. Ich fragte erst gar nicht mehr nach. Wenn die Werte schlecht wären, bekäme ich schon Bescheid.

Es hörte aber auch nicht auf mit den Schicksalsschlägen: Eine Tante von mir verstarb plötzlich und hinterließ einen 52-jährigen Sohn, der leider geistig zurückgeblieben war. Wegen der Grippegefahr sollte ich besser nicht mit zur Beisetzung gehen.

So vergingen die Tage. Immer wollte ich etwas arbeiten, aber alles, was ich unternehmen mochte, wurde mit einem erhobenen Finger kommentiert: „Pass auf, es könnte etwas passieren." Meine Lust an der Arbeit ließ dadurch natürlich nach. Langsam wurde ich unheimlich nervös, ich bekam sogar Herzrasen und fühlte mich gar nicht gut. Sobald ich jedoch etwas unternahm, ging es mir wieder etwas besser.

Das Weihnachtsfest war für mich – wie jedes Jahr – kein schönes Fest, weil alle in Hektik waren. Dieses Jahr kam noch hinzu, dass das Wetter nicht mitspielte. Es herrschten frühlingshafte 15 Grad.

Mein Büro hatte ich in unser Gartenhaus verlegt und fühlte mich wohl darin. Jetzt konnte ich meine Musikanlage laufen lassen, James Last oder Weihnachtslieder, auch mal RPR 1. Nur WDR 3 und 4 bekam ich nicht. Dazu musste ich noch eine Antenne installieren. Die Post hatte ich auch schon geöffnet, unter anderem war ein Brief vom Landesamt für Soziales, Jugend und Versorgung dabei. Ich wurde wegen meiner Krankheit auf 100 Prozent Schwerbehinderung eingestuft. Das half mir auch nicht. Aber schön zu wissen, dass man sich um mich kümmerte. Meine Mutter hatte mit ihrem Oberschenkelhalsbruch immer noch keinen Ausweis, obwohl sie den nötiger gebraucht hätte als ich. Ich nahm mir vor, mich im kommenden Jahr darum zu kümmern.

Wie jede Woche musste ich wieder zur Blutabnahme in die Praxis meiner Hausärztin, wo ich auch die Infusion ZOMETA erhielt. Die Ärztin teilte mir mit, dass sie in Mainz angerufen und meine Werte abgefragt habe. Siehe da, sie waren wesentlich besser geworden, was mich natürlich sehr aufbaute.

Ich ging davon aus, dass bei der nächsten Untersuchung die Werte noch einmal besser sein würden, und glaubte, dass es bergauf ging. Man soll die Hoffnung nie aufgeben. Wie schön wäre es doch, wenn meine Frau mich jetzt einmal das tun ließe, was ich gerne täte. Aber sie erhob weiterhin gegen jeden Versuch Einwände.

Nach dem 4. Zyklus Imnovid wurde das Mittel ausgesetzt. Darüber war ich sehr froh, da die Taubheit, besonders in den Füßen, inzwischen stärker geworden war und bis in die Waden zog. Auch schwitzte ich wesentlich mehr, alles war mir zu viel. Mittlerweile taten mir manchmal auch die Rippen weh, aber das sollte nichts bedeuten.

In der folgenden Woche musste ich wieder zur Uniklinik, um von meinem Spender eine, wie die Ärzte sagten, Auffrischungsinfusion aus der Stammzellenspende zu erhalten. Das Ganze wurde ambulant gemacht. Aber danach musste ich wieder jede Woche in die Klinik. Ich wollte vorher gar nicht wissen, wie

viele neue Tabletten ich dann wieder einnehmen müsste.

Immer wieder hieß es, dass diese Krankheit
nicht heilbar sei, wogegen ich mich die ganze
Zeit gewehrt hatte, aber langsam glaubte auch
ich nicht mehr daran, dass es mit mir noch
etwas werden könne.

Nachdem ich im Krankenhaus die Infusion bekommen hatte, fühlte ich mich nicht
besonders gut, aber das konnte auch an der
Tagesform liegen. Es war auf jeden Fall ein
anstrengender Tag. In der folgenden Woche
musste ich schon um 7:45 Uhr dort sein,
weil man wieder ein CT machen wollte. Der
Grund dafür sollte sein, dass meine Knochenschmerzen stärker geworden waren.

Das CT ergab nichts Neues, was schon
einmal gut war. Ich glaubte, dass ich mich
zu wenig oder falsch bewegte. Aber, so die
Ärztin, die Lambda-Leichtketten seien wieder angestiegen, allerdings nicht bedrohlich.
In zehn Tagen solle ich wiederkommen und
dann werde über neue Medikamente oder

wieder Imnovid beraten. Langsam mache ich mir Gedanken, ob ich schon auf dem absteigenden Ast saß.

Mein Besuch in der Klinik ergab nichts Neues, außer dass mir jetzt in einer vierstündigen Prozedur Lymphozyten meines Spenders verabreicht werden sollten. Ob es etwas helfen würde, könne man nach 60 Tagen feststellen. Wieder 21 Tage die Imnovid-Tabletten nehmen und dann in die Klinik zur Blutuntersuchung. Ergebnis: Es hatte etwas geholfen, aber nicht so viel wie gedacht. Vier Wochen später erneute Untersuchung. Zehn Tage später das Ergebnis: „Ja, die Werte sind wieder etwas besser geworden, aber wir müssen noch einmal Lymphozyten nachgeben." Bei der ersten Verabreichung hatte ich etwa eine Million bekommen und nun sollten es fünf Millionen sein. Weiterhin musste ich zum MRT, da die Knochenschmerzen im Rippenbereich sowie zum Rücken hin stärker geworden waren. Die Untersuchungen und Verabreichungen beanspruchten den ganzen Tag. Ich kann nur sagen, ich hatte die Schnauze voll und wollte nicht mehr. Ich kam mir vor, wie ein Versuchskaninchen.

Nachdem acht Tage vergangen waren und ich den Startschuss für die neue Imnovid-Kur bekommen hatte, ging es mir überhaupt nicht gut. Ich überlegte, mit den ganzen Medikamenten auszusetzen, bis ich das Ergebnis des MRT erhalten hatte. Jetzt sollte ich jede Woche in die Klinik, aber die Leichtketten wurden nicht mehr getestet, was ich nicht verstand. Ich wusste wirklich nicht mehr, was ich glauben oder was ich machen sollte. Es wurde mir alles zu viel.

Bald war ich schon wieder zur Nachuntersuchung in der Uniklinik, aber es gab nichts Neues. Der Arzt meinte nur: „Wir müssen noch warten, außerdem haben sich die Werte ja verbessert." Diese Werte waren aber schon wieder zwei Monate alt. Ich hatte den Verdacht, dass man nicht mehr wusste, was man mit mir machen sollte.

Häusliche Sorgen kamen hinzu: Meine 86-jährige Mutter hatte sich bei einem Sturz das Becken gebrochen, was mich sehr belastete. Was war zu tun, wenn sie wieder nach Hause kam? Meine Gedanken um ihr Wohl gingen mir nicht aus dem Kopf. So hatte ich die Idee, obwohl körperlich gar nicht dazu in der Lage, mein altes Büro „behindertengerecht" für sie umzubauen. Nach der Reha wollte meine Mutter aber unbedingt zurück in ihre Wohnung, was mir auch recht war. Nach drei Wochen ging es ihr wieder so gut, dass keine Rede mehr davon war, bei uns einzuziehen.

Aber man ist ja nicht nur krank, es gab auch Anlass zur Freude: Weihnachten 2016 kamen unsere Kinder zum Fest mit Geschenken vorbei. Eines gefiel mir am besten, nämlich ein kleines Kinderbüchlein. Erst zehn Minuten später fiel bei mir der Groschen. Ich drückte unsere Schwiegertochter ganz fest und wünschte den beiden werdenden Eltern

Großes Glück kann so klein sein !

Levi
Theodor
3050 g
49 cm

Seit dem 30.08.2017
gehen alle wichtigen Entscheidungen
über meinen Wickeltisch.

Unser Enkel als Raupenfahrer

alles Liebe und Gute. So wurden wir am 30.8.2017 Großeltern.

Nun zurück zu mir. Meine Werte waren wieder einmal gestiegen. Die Uniklinik hatte natürlich eine Alternative für mich, die da lautete: erneut Revlimid, das bei mir in den Händen und Füßen Taubheitsgefühle verursacht hatte, aber das Ganze sollte durch Infusionen von Kyprolis 56 mg/m2 und Fortecortin 20 mg begleitet werden. Man sprach von einer kleinen Chemo! Ich war schon im 3. Zyklus, aber meine Venen machten jetzt schlapp. Zusätzlich bekam ich noch Lymphozyten von meinem Spender.

Jede Woche zweimal zur Uniklinik, zur Infusion und zur Kontrolle meiner Werte, was für mich sehr stressreich war. Ich muss es leider sagen, ich hatte keinen Mut mehr.

Das Revlimid musste abgesetzt werden, da das Taubheitsgefühl stärker geworden war und ich nicht mehr gut gehen konnte, je nach Tagesform. Meine Venen schmerzten nun mittlerweile alle und ich war gespannt, wo sie bei mir noch andocken könnten. Ich hatte Angst vor einer Venenentzündung und wieder einer neuen Therapie. Nachdem man doch noch einen Zyklus gemacht und ich noch einmal Lymphozyten von meinem Spender bekommen hatte, fielen meine Werte auf sage und schreibe 105. Ich freute mich sehr. Nun, nach dieser guten Nachricht musste ich nur noch alle 14 Tage zur Uniklinik. Hoffentlich bliebe es auch so.

Nach einer Weile war ich wieder einmal in der Uniklinik, 9:30 Uhr morgens. Blutentnahme, Arztgespräch, alles okay. Das Ergebnis bekäme ich natürlich erst in vier Wochen beim nächsten Besuch. Alle waren wir glücklich, da die Werte stabil sein sollten! Es kam aber anders. Abends gegen 17:30 Uhr klingelte mein Telefon und der Arzt sagte ohne lange Vorrede, dass er das Ergebnis meiner Blutuntersuchung vom Morgen vorliegen habe. Ich müsse mir so schnell wie möglich einen Port setzen lassen, da mit der Behandlung fortgefahren werden müsse. Ich fiel in ein tiefes Loch – wie vor fünf Jahren, als mir die Diagnose überbracht wurde.

Am nächsten Tag ging ich zu meiner Hausärztin und bat sie um ihren Rat. Innerhalb von 15 Minuten vereinbarte sie einen Termin für die Setzung des Portes.

Nun fahre ich seit 2016 alle vier Wochen zur Uniklinik und bekomme einen Mix aus Antikörpern und Medikamenten, die mich bei fast guten Werten hält. Diese Prozedur dauert immer etwa sechs Stunden. Wenn es hilft, soll es mir recht sein.

Die Fremdzellen haben ihr Bestes getan. Mit kleinen Zwischen-Chemos, Infusionen und Blutuntersuchungen geht es mir gut. Die Krankheit ist nicht heilbar, aber man unternimmt alles, um mein Leben zu verlängern.

Im Juli 2019 trat jedoch wieder etwas Neues auf. Ich war wie immer alle vier Wochen in der Uniklinik und erhielt die Information, dass bei dem letzten CT eine Metastase am Schambein sichtbar wurde.

Was soll jetzt unternommen werden? Strahlentherapie lautete die Antwort. Also neue Termine, zuerst sollen zehn Sitzungen durchgeführt werden. In etwa zwei Monaten ist ein Kontroll-CT angesagt.

Was soll denn jetzt noch kommen?

Ein großer Dank ...

gilt meiner Frau! Was sie alles für mich, für uns getan hat, kann ich kaum in Worte fassen.

Seit rund 35 Jahren ist sie für unsere Familie da. Zunächst pflegte sie zusammen mit ihren Brüdern 22 Jahre lang ihren Vater, dann war ihre Mutter an der Reihe und seit meiner Erkrankung im Jahre 2012 auch ich. Im vergangenen Dezember haben wir meine Mutter bei uns aufgenommen, die uns täglich braucht.

Ich möchte meiner Frau von ganzem Herzen danken für all ihre Liebe, die sie uns zukommen lässt!